DIE REIHE
Archivbilder

RUND UM DEN
HOCHSCHWAB

Umschlagbild

Das „Schiestlhaus" zu Beginn des 20. Jahrhunderts, nachdem es von einer einfachen Schutzhütte in ein veritables Schutzhaus umgebaut worden war. Bei den beiden Personen im Vordergrund könnte es sich um die damaligen Wirtsleute handeln.

DIE REIHE
Archivbilder

RUND UM DEN
HOCHSCHWAB

Christian Stadelmann und Werner Grand

SUTTON
VERLAG

Sutton Verlag GmbH
Hochheimer Straße 59
99094 Erfurt
www.suttonverlag.de

Copyright © Sutton Verlag, 2010
ISBN: 978-3-86680-586-6
Druck: Druckhaus „Thomas Müntzer" | Bad Langensalza

Inhaltsverzeichnis

Bildnachweis

Einleitung

Der Hochschwab hat nur ihm eigene Charakteristika: Das ganze Massiv besteht aus einer ausgedehnten Kalksteinplatte. Der Boden ist deshalb stark wasserdurchlässig, was wiederum der Grund für landschaftliche und landwirtschaftliche Besonderheiten ist. Der Rumpf des Massivs gibt eine große Zahl von sehr starken Quellen frei. Deren Wasser wird zur Versorgung der Stadt Wien herangezogen. Dieser Umstand beeinflusst die Kultur der gesamten Region. Im Sinne des Wasserschutzes wäre es am sinnvollsten, wenn die Menschen die Landschaft überhaupt nicht nutzen würden. Das aber würde allen wirtschaftlichen und touristischen Interessen jener, die hier leben, massiv zuwiderlaufen. Auch die Jäger haben ein Interesse daran, dass es, zumindest im Herbst, möglichst ruhig in den Bergen ist, da die Hochschwab-Region u.a. ein riesiges Gämsenrevier umfasst. Die Stadt Wien und die Jagdherren sind die größten Grundeigentümer der Region, ihr Wort hat ein entsprechendes Gewicht. Kompromisse sind vonnöten, und werden auch immer wieder gefunden.

Historisch bedeutsam ist schließlich auch die Eisenindustrie. Sie zog, ausgehend vom Erzberg, das gesamte Land in ihren starken wirtschaftlichen Sog. Ihr Einfluss auf das Leben der hier ansässigen Menschen ging aber weitestgehend verloren und ist fast nur noch in einer musealisierten Form wirksam. Für uns, die wir die Kultur des Hochschwab anhand historischer Fotografien erkunden und zumindest ansatzweise erklären wollen, ist sie allemal relevant.

Ausgehend von den Hochflächen und Gipfeln des Hochschwab, wollen wir im Folgenden in elf Kapiteln das ganze Gebiet, Tal für Tal, abwandern und den jeweiligen Besonderheiten nachspüren. Einige der Fotografien, die in diesem Buch abgebildet sind, hat das Mariazeller Fotostudio Kuss produziert. Für die Erlaubnis, die Motive verwenden zu dürfen, danken wir sehr herzlich.

Christian Stadelmann und Werner Grand
im Frühjahr 2010

Hier sind das alte, auf 2.153 Metern Höhe gelegene „Schiestlhaus" und der um 124 Meter höher gelegene Gipfel des Hochschwab zu sehen. Das Haus wurde 2005 abgerissen. Unmittelbar dahinter steht seither das neue Schutzhaus.

1

Umstrittener Berg

Forst- und landwirtschaftlich ist der Hochschwab schon seit Jahrhunderten erschlossen. Auch Bergbau gab es allenthalben. Jene Arten der Nutzung, für die das Bergmassiv heute weitum bekannt ist, sind demgegenüber junge Erscheinungen. Die touristische Erschließung hat eine etwa 150-jährige Geschichte, und auch die Jagd reicht nicht viel weiter zurück, zumindest in der Form, die mit herrschaftlichem Selbstverständnis betrieben wurde und wird.

Erzherzog Johann gilt als der Erschließer des Hochschwab für den Tourismus und für die feudale Jagd. Zu seiner Zeit standen die Interessen der Bergwanderer allerdings noch nicht im Gegensatz zu denen der Jäger. Für diese wie jene ist der Herbst die schönste und beste Jahreszeit. Doch wo viele Wandersleute unterwegs sind, sehen sich die Jäger gestört, und beide Seiten fühlen sich in ihrem jeweiligen Tun im Recht.

Symbolhaftes Beispiel für den Konflikt ist die sogenannte Hüttensperre. Die Grundeigentümer verfügen, dass die bewirtschafteten Schutzhäuser in einem Teil des Hochschwabmassivs von Mitte September bis Mitte Oktober geschlossen bleiben. Ziel dieser Maßnahme ist, dass zur besten Jagdzeit weniger Wanderer die Berge frequentieren.

Vor 100 Jahren erwarb auch die Stadt Wien Grundrechte in der Hochschwabregion, ihre Interessen liefen jedoch jenen der Jäger und Wanderer zuwider. Seit 1910 verwendet die Stadt Wien das Wasser, das der Berg aufnimmt, als Brauch- und Trinkwasser. Um die gute Wasserqualität zu erhalten, läge es in ihrem Interesse, wenn überhaupt niemand mehr den Berg nutzen würde.

Die Diskussion um den Neubau des „Schiestlhauses" unweit des Hauptgipfels zeigt gut die Konfliktlinien. Der Österreichische Touristenklub als Träger hat es initiiert, die Herrschaft Meran als Grundeigentümerin hat sich dagegen gesträubt und die Gemeinde Wien hat eine ökologische und dem Wasserschutz verpflichtete Bauweise unterstützt. Wie auch immer, keine der Gruppen würde auf „ihren" Hochschwab verzichten, und so wird der Berg, mit Einschränkungen auf allen Seiten, von allen genutzt. Dem kulturellen Gefüge der Landschaft ist das nicht abträglich.

Blick vom Reichenstein, 2166 g. Nord Ost.   Hochschwab-Gruppe.

Schaufelwand 2012 m. · Ebenstein 2124 m. · Polster 1958 m. · Hohe Gries-mauer 2034 m. · T. A. C. Spitze 2014 m. · Vordernberger Griesmauer 2009 m. · Lamingecksattel. · Hochschwab. · Trenchtling. · Leobner Mauer. · Hochthurm 2082 m.

Südlich des Erzbergs und des Präbichl liegt der 2.165 Meter hohe Eisenerzer Reichenstein. Von dort aus wurden um 1910 diese beiden Fotografien, gegen Nordosten hin, aufgenommen, einmal im Winter, das andere Mal im Sommer.

Blick vom Reichenstein gegen Nord-Ost.   Hochschwab-Gruppe.

Brandstein 2003 m. · Frauenmauer 1828 m. · Schaufelwand 2012 m. · Polster 1958 m. · Ebenstein 2124 m. · Hohe Griesmauer 2034 m. · Techniker Alpen-Club-Spitze. · Vordernberger Griesmauer 2014 m. · Lamingecksattel 1684 m. · Handlalm. · Hochschwab 2278 m. · Leobner Mauer 1868 m. · Hochthurm 2082 m. · Trenchtling. · Kolberg 1636 m.

Im Vordergrund ist links die Berglandschaft mit Polster und rechts mit Trenchtling zu sehen. Sie ist dem eigentlichen Hochschwabmassiv vorgelagert. Im unscharfen Hintergrund sind die höchsten Erhebungen, der Ebenstein mit 2.123 Metern und der Hochschwab mit 2.273 Metern, zu sehen.

Blick von der Windgrube 1810 m, gegen Hochschwab 2278 m

Blick von der Windgrube, die auf 1.809 Metern gelegen ist, gegen Nordwesten auf das zentrale Hochschwabmassiv. Der Fölzstein ist auf 1.945 Metern bzw. der Fölzkogel auf 2.022 Metern Höhe gelegen. Die Hochfläche der Mitteralpe befindet sich dahinter. In der Mitte des Bildes ist der Gipfel des Hochschwab zu sehen.

1949 bis 1950 errichtete man das Gipfelkreuz auf dem Hochschwab. Unter dem Eindruck des Zweiten Weltkriegs wurde es „den Toten des Krieges" gewidmet und nicht Gipfel-, sondern Heldenkreuz genannt.

Hochschwab, 2278 mtr.

Eine der meistbegangenen Routen im Hochschwabmassiv ist der Zugang zum Gipfel, beziehungsweise zum „Schiestlhaus", über den Edelsteig. Der Weg wird heute als Graf-Meran-Steig bezeichnet. Diesen Titel bekamen die Nachkommen Erzherzog Johanns verliehen. Im Hintergrund ist die Hochschwab-Südwand mit dem Gipfel zu erkennen.

Die Hochschwab-Südwand steht bei Kletterern in hohem Ansehen. Die Autorin Liselotte Buchenauer schwärmte von ihr, bezeichnete sie als einen „Stirnreif aus Fels" und als „die Krone des Hochschwab" und empfahl den Aufstieg im Herbst. „Sie ist Freude im Fels. Und macht euch damit den Abschied so schwer, dass ihr wiederkehrt."

Von Nordosten her gelangt man über das sogenannte Ochsenreichkar zum Hochschwab. Im starken Kontrast zur Südwand steigt hier das Gelände sehr sanft zum Gipfel hin an.

Auf einer kleinen Ebene, dem sogenannten Rotgangboden, treffen die Wege, die über das Ochsenreichkar und den Graf-Meran- bzw. Edelsteig heraufkommen, zusammen. In der Bildmitte, hinter den Wanderern, ist die Hochschwab-Südwand im Profil zu sehen.

Im Jahre 1884 wurde gut 100 Meter unterhalb des Hochschwab-Gipfels das „Schiestlhaus", eine Schutzhütte mit 20 Schlafplätzen, errichtet. Sie wurde aufgrund der hohen Gästefrequenz elf Jahre später zu einem ansehnlichen Schutzhaus ausgebaut. Die Aufnahme entstand 1912.

Namensgebend für das Schutzhaus war Leopold Schiestl, der in den 1870er-Jahren als Präsident des Österreichischen Touristenklubs fungierte. Er erweiterte das Hauptgebäude 1913 noch einmal um fast das Doppelte. Damit wurden Unterkunftsmöglichkeiten für über 100 Personen geschaffen.

Ohne dass noch wesentliche Veränderungen an der Bausubstanz vorgenommen wurden, diente das „Schiestlhaus" bis 2005 als Unterkunft für Alpinisten. Gegen Ende befand es sich allerdings in einem sehr schlechten Zustand.

Das neue „Schiestlhaus", das in den Jahren von 2004 bis 2005 errichtet wurde, ist ein vielbeachtetes Vorzeigeobjekt. Das hochalpine Passivhaus findet aufgrund seiner ungewöhnlichen Architektur sowohl begeisterte Zustimmung als auch Ablehnung. Der Bau ist letztlich das Ergebnis der komplizierten Interessensverflechtungen in diesem Gebiet.

Schutzhütte Häusalpe 1514 m im Hochschwab-Gebiet mit Hochstein 1709 m.

Das Hochschwabmassiv wurde einst stark almwirtschaftlich genutzt. Weite Bereiche seiner Hochflächen dienten dem Vieh der Bauern aus den Orten im Tal als Sommerweide. Eine dieser Almen ist die 1.526 Meter hoch gelegene Häuselalm, die inmitten des Massivs liegt.

HÄUSELALPE 1530 m HOCHSCHWAB 2278 m

Früher war die Häuselalm eine Kuhalm, auf die die Bauern von Sankt Ilgen und Etmißl ihr Milchvieh trieben. Längst aber ist sie eine bewirtschaftete Schutzhütte. Die anhaltende Gästefrequenz ist dadurch garantiert, dass sie an einer Wanderroute liegt, die sowohl die Bezeichnungen Europäischer und Österreichischer Fernwanderweg als auch Steirischer Landesrundwanderweg trägt.

Unterhalb dieses Weitwanderweges, von der Häuselalm nicht weit gegen Westen zu, liegt der Sackwiesensee, der gegen Norden hin von der Seemauer begrenzt ist.

Bereits im 19. Jahrhundert wurde die auf 1.500 bis 1.600 Metern Seehöhe gelegene Sonnschienalm als romantisches kleines Almdorf wahrgenommen. Das Bild entstand um 1900 und zeigt den intensiven Weidebetrieb. Bestimmte Bereiche wurden der unterschiedlichen Nutzung bzw. Besitzverhältnisse wegen eigens abgetrennt.

17

Sonnschienhütte, 1515 m mit Ebenstein u. Polster, Hochschwab, 2278 m. 34073

Die Sonnschienalm um 1950. Zu sehen ist die typische Struktur der Hochschwabalmen. Die Bauern bewirtschaften gemeinsame Weiden, auf denen die Wohn- und Wirtschaftsbauten verstreut lagen. Im hinteren Bereich der Almfläche ist die Sonnschienhütte zu sehen.

Sonnschienhütte (1515 m) au Hochschwab.

Die Sonnschienhütte nimmt sich vor dem Panorama des Ebenstein, links, und des Vorderen und Hinteren Polster, rechts, wie ein Schutzhaus, das im Hochgebirge steht, aus. Der Vordere Polster ist 1.994 Meter, der Hintere Polster 2.057 Meter hoch. Im westlichen Teil des Hochschwabmassivs kommt von Mitte September bis Mitte Oktober im Interesse der Jagd die Hüttensperre zum Tragen.

18

Das westliche Hochschwabmassiv besitzt mit der Frauenmauerhöhle ein Naturdenkmal besonderer Art. Sie hat zwei Eingänge und ist Teil eines weit größeren Höhlensystems. Der Sage nach soll sie ihren Namen einer verwitweten Gutsherrin verdanken, die die Bewohner des Gsollgrabens bei Eisenerz vor schwadronierenden Türken in Sicherheit brachte und trotz Verrats zu beschützen wusste.

Eissee.
Frauenmauer-Höhle.

Einer anderen Sage nach verdankt die Frauenmauerhöhle ihren Namen der geglückten Flucht einer Eisenerzer Jungfrau vor einem Mann, der ihr nachstellte. Sie flüchtete vor ihm in die Berge. Unmittelbar bevor der Mann sie einholte, schickte sie in ihrer Not ein Gebet zur heiligen Maria. Da tat sich der Fels auf und das Mädchen fand einen Weg auf die andere Seite des Berges.

19

Das Zentrum von Tragöß-Oberort vor der 1.579 Meter hohen Pribitz ist hier auf einer Aufnahme aus dem Jahre 1934 zu sehen.

Tragöss - Oberort mit Pribitz 1557m

KNOLLMÜLLER VERLAG GRAZ

2

Die Laming

Den westlichen Teil des Hochschwabmassivs nach Süden hin entwässert die Laming. Laminggraben, Jassinggraben, Klammböden und Haringgraben laufen bei Tragöß-Oberort zusammen. Auf dem Weg nach Südwesten wird die Laming aus zahlreichen weiteren Gräben mit Wasser gespeist. Zwischen Bruck an der Mur und Kapfenberg mündet sie in die Mürz, die dort noch einen Weg von etwa zwei Kilometern vor sich hat, ehe sie von der Mur aufgenommen wird.

Zwei Gemeinden gibt es im Tal, Tragöß und Sankt Katharein, die jeweils nur knapp über 1.000 Einwohner zählen. Das Lamingtal ist also nicht besonders dicht besiedelt. Es weist eine für solche Gebirgstäler typische Bevölkerungsentwicklung auf. Einem Rückgang am Ende des 19. Jahrhunderts folgten im 20. Jahrhundert Phasen einer leichten Bevölkerungszunahme, die von einer zaghaften Industrialisierung und dem Fremdenverkehr getragen wurden. In den letzten Jahrzehnten ist wieder eine verstärkte Landflucht festzustellen.

Vor allem Sankt Katharein, das nahe der Industrieorte des Mur- und Mürztals liegt, hatte an der Industrialisierung teil. Der Abbau von Magnesit und dessen Weiterverarbeitung bildeten im 20. Jahrhundert einen bedeutenden Wirtschaftszweig. Mit Bruck an der Mur bestand bis Ende der 1950er-Jahre sogar eine Güterbahnverbindung. Daneben gab es hier auch größere Handwerks- und Gewerbebetriebe, die Beschäftigung für die Bewohner boten. Heute pendeln viele in die Wirtschaftszentren.

Tragöß war demgegenüber ein gut frequentierter Fremdenverkehrsort. Die Zahl der jährlichen Nächtigungen überstieg die Zahl von 30.000. Vielfach kamen die Gäste nicht des hochalpinen Bergerlebnisses wegen, sondern als Sommerfrischler, die Talspaziergänge unternahmen und die prächtigen Farben des Grünen Sees bewunderten. Die mächtigen Felsen der Hausberge Trenchtling, Pribitz und Meßnerin dienten ihnen eher als Kulisse. Aber diese Art von Tourismus hat mittlerweile viel von ihrem Reiz eingebüßt. Heute sind es nur noch halb so viele Touristen, die in Tragöß urlauben. Sie kommen fast ausschließlich im Sommer.

Tragöß-Oberort, (803m) mit Trenchtling (2082m) & Pribitz (1577m)   37-11

Bei Tragöß-Oberort verzweigen sich die Täler. Wendet man sich nach Nordwesten, so gelangt man ins Tragößtal. Im Vordergrund sieht man die Kirche zur heiligen Magdalena. Links dahinter steigt das Gelände zum Trenchtling an, rechts zur Pribitz.

TRAGÖSS-OBERORT geg. Messnerin, 1836 m, Stmk.   49294

Wendet man sich nach Norden, dann kommt man hinauf zum Klammboden und nach Nordosten in den Haringgraben. Im Hintergrund der Abbildung ist die Meßnerin zu sehen. Dieser Berg bietet zwar eine schöne Aussicht, wird aber, wohl aufgrund seiner steil ansteigenden Wege, nicht besonders häufig erstiegen.

Die Tragößer Kirche ist ein mittelalterlicher Bau. Daneben, auf dem Friedhof, steht die Antonius-Kapelle, die, ähnlich wie die Kirche, auf die Romanik zurückgeht. Sie steht auf den Grundmauern eines alten Karners mit Untergeschoss.

Die Wasser des Hochschwab kennen zahlreiche Spielarten. Eine besondere hält der Grüne See bei Tragöß für den Betrachter bereit. Sein Wasser erscheint nämlich auf eine geheimnisvolle Weise tiefgrün. Am schönsten, so wissen Kenner, präsentiert sich der See, wenn man 100 Meter bergan steigt und ihn von oben betrachtet.

Klammalpe, 1035 m mit Meßnerin, 1835 m bei Tragöss - Oberort, Steiermark. 31518

Von den Höhen her, beispielsweise von der Sonnschienhütte oder der Häuselalm, kommt man über den Klammboden zwischen Meßnerin und Pribitz hindurch ins tieferliegende Tragöß. Auf die Pribitz, hier rechts zu sehen, führt kein einziger markierter Wanderweg.

Wintersportplatz TRAGÖSS-OBERORT, 780m, Stmk. 61030

Auf einer Ansichtskarte von 1961 präsentiert sich Tragöß als Wintersportplatz. Um tatsächlich eine halbwegs gleichmäßige Auslastung zu erreichen, fehlt es jedoch an der entsprechenden Infrastruktur.

24

Tragöss-Oberort, Stmk. „Haus Cäsar."

60845

Die Fremdenverkehrskultur von Tragöß zielte in den 1950er- und 1960er-Jahren auf Beschaulichkeit und Naturerlebnis ab. „Geboten" wurde vor allem Landschaft.

Pichl - Großdorf

180-10

Die Gemeinde Tragöß setzt sich aus mehreren verstreut liegenden Siedlungen zusammen. So präsentierten sich die Hauptorte Pichl-Großdorf, das im Vordergrund zu sehen ist, und Tragöß, im Hintergrund, um 1960, wenn man von Süden her durch die Laming heraufkam.

Die Pfarre Tragöß gehörte im Mittelalter ebenso wie Sankt Katharein zum Benediktinerstift Göß bei Leoben. Von dort aus wurden sowohl die Kirchen gegründet als auch die Priester eingesetzt. Einer der Pfarrer geriet im Jahre 1493 in einen Konflikt mit den Ortsbewohnern und wurde von diesen ermordet. Peter Rosegger widmete ihm den Roman „Der Gottsucher".

Stolz und in strenger Formation nahmen die Feuerwehrmänner im Jahre 1928 vor dem Rüsthaus von Sankt Katharein Aufstellung.

Die beiden Fotos aus den 1920er-Jahren zeigen anschaulich die klare, bäuerlich geprägte Siedlungsstruktur, die Sankt Katharein damals aufwies. An den eng verbauten Ortskern schlossen die Äcker an. Die Hänge wurden, wo möglich, als Wiesen genutzt. Der abseits gelegene Kirchbau ist die mittelalterliche Filialkirche Sankt Alexius.

ST. KATHAREIN a./d. Lamming (Steiermark).

Das Trawiestal bildet durch die Felsen hindurch eine Schneise, die direkt ins Zentrum des Hochschwabmassivs weist. Ein vielbegangener Weg führt über die Trawiesalm bis in eine Höhe von etwa 1.500 Metern, erst danach wird es steil und das Gehen mühselig. Den Hintergrund dieser etwa 50 Jahre alten Aufnahme markiert der 1.847 Meter hohe Festlbeilstein.

3

Das Ilgner Tal

Bei Thörl zweigt man von der Hauptroute, die aus dem Mürztal herauf über den Seeberg in das Mariazeller Gebiet verläuft, nach links in das Ilgner Tal ab. Der Ilgner Bach orientiert sich erst gegen Westen und dann immer mehr dem Norden zu – mitten hinein ins Hochschwabmassiv. Nicht weit davon entfernt verläuft auch die Straße ins Tal.

Vor allem linksseitig münden einige Seitentäler ins Ilgner Tal ein. Deren größtes ist mehr oder weniger identisch mit Etmißl, der einzigen Gemeinde neben Sankt Ilgen. Beide Gemeinden zusammen haben heute etwa 800 Einwohner. Sankt Ilgen kann für sich in Anspruch nehmen, dass der Gipfel des Hochschwab auf dem eigenen Gemeindegebiet liegt. Dieser Umstand war auch der Anlass dafür im Jahre 2003 hinten im Talschluss in der sogenannten Bodenbauerkeusche ein Hochschwabmuseum einzurichten. Nebenan befindet sich der alte Gasthof Bodenbauer, von wo aus einer der meist gewählten Wege in die Kernzone des Bergmassivs hinaufführt.

Dass Sankt Ilgen einst ein geradezu „industriöser" Ort gewesen ist, hält man heute kaum noch für möglich. Der Flurname Büchsengut bezeichnet die Stelle, wo die Straße von Etmißl her einmündet und weist noch heute auf das alte Eisenwerk hin. Daneben baute man im 19. Jahrhundert Gips im Tal ab und verarbeitete ihn in einer Stampfe am Bach. 15 weitere Mühlen trieben Sägewerke, Kornmühlen sowie eine Reihe von Hämmern und Dreschmaschinen an. Vor allem das Eisenwerk hatte einen großen Bedarf an Holzkohle, die von Köhlern in der weiteren Umgebung erzeugt wurde. Nicht nur in Sankt Ilgen selbst, auch in Etmißl, Oisching und Lohnschitz standen viele Meiler. Die Holzkohle, die damals in der Eisenverarbeitung noch ausschließlich verwendet wurde, war weithin begehrt. Auf teils sehr schlechten Wegen wurde sie bis nach Vordernberg und Tragöß verkauft. Als regionales Handelsgut verlor sie erst an Bedeutung, als damit begonnen wurde, leistungsfähigere Hochöfen zu bauen, die mit Steinkohle befeuert wurden.

Auf dieser Ansichtskarte posiert eine Gruppe von Touristen auf der Trawies-Alm. Das Tal, beziehungsweise die umliegenden Berge, waren bei Wanderern und Kletterern gleichermaßen beliebt. Die Aufnahme von 1908 zeigt fast denselben Bildausschnitt wie die Abbildung auf Seite 28.

Im Jahre 1888 wurde am Buchberg, der den Abschluss des Ilgner Tales bildet, der Gasthof Bodenbauer erbaut. In den ersten Jahrzehnten seines Bestehens führten ihn seine Aflenzer Besitzer noch als Hotelbetrieb. Diese Bild wurde um 1900 aufgenommen.

Die 1.835 Meter hohe Meßnerin ist dem zentralen Gebirgszug des Hochschwab etwas vorgelagert. Dazwischen verläuft in West-Ost-Richtung das Josertal, das vom Gasthof Bodenbauer aus durch eine Straße erschlossen ist. Anreize für die leichte Wanderung vorbei am „Elisenheim" bilden ein kleiner See, eine Jausenstation und die Aussicht auf die Felsenberge.

Fast 100 Jahre blieb der Baubestand des Gasthofs Bodenbauer im Wesentlichen unverändert. 1986 zerstörte ein gelegter Brand das Gebäude fast vollständig. Die damaligen Besitzer ließen es aber wieder aufbauen. Heute gehört der Gasthof der Wasserversorgung Hochschwab Süd-Gesellschaft, in deren Wasserschutzgebiet er sich befindet.

St. Ilgen, 731 mtr.
Mit dem Hochschwab 2278 mtr.

Um 1900 war Sankt Ilgen eine Filialpfarrei von Aflenz und hatte fast doppelt so viele Einwohner wie heute. Ursprünglich hieß die Talsiedlung „Zwain". Mit der Gründung der Kirche im Spätmittelalter wurde deren Patron, der heilige Ägidius, auch für den Ort und das Tal namensgebend. Die heutige Kirche wurde 1677 geweiht.

St. Jlgen, Steiermark gegen Hochschwabgruppe 2278 m.   34987

Auf dieser Aufnahme von 1939 präsentiert sich Sankt Ilgen pittoresk vor der Kulisse des Hochschwabmassivs. Heute ist der Talboden dichter verbaut und die Hänge sind stärker bewaldet.

Etmißl liegt in einem Seitental des Ilgner Tales. Im Gegensatz zu vielen anderen Gemeinden der Region weisen die Siedlungsfläche und die umliegende Landschaft eine sanftmütige Topografie auf. Der Name des Ortes kommt angeblich von „Ödmößl", was soviel wie ödes Moos bedeutet.

Die 700 Einwohner, die Mitte des 19. Jahrhunderts in Etmißl lebten, bekamen erst 1864 eine eigene Kirche. Damals lebten sie größtenteils von der Köhlerei. Es war genug Wald da, dafür aber wenig gutes Weideland und keine Almen. Die erzeugte Holzkohle konnten die Menschen an die Eisen verarbeitenden Betriebe verkaufen, die einen gewaltigen Bedarf an Brennmaterial hatten.

Der eindrucksvollste Abschnitt
der Fölz ist die sogenannte
Fölzklamm. Indem man den
Bach in der engen Schlucht
überbaute, führte man hier
den Weg weiter über den Fölz-
boden hinauf zu den Almen.

Fölzklamm bei Aflenz, Steiermark.
Hochschwabgebiet.   33182

4

Die Fölz

Eigentlich ist die Gegend um den Fölzgraben karg. Nur am Beginn, wenn man von Thörl aus hineinfährt oder -wandert, verfügt das Tal über eine gewisse Weitläufigkeit. Aber bald schon wird es enger. Bewaldete Abschnitte tauchen nur noch dort auf, wo der Hang ein bisschen zurückweicht und Platz für eine breitere Sohle frei lässt.

Dessen ungeachtet hat sich im Tal in den Jahrzehnten um 1900 eine Reihe von Gastwirtschaften und Beherbergungsbetrieben etabliert. Die Attraktionen, deretwegen viele Touristen und Jäger hierherkamen, waren die Fölzklamm, die Almen, die Felsen und die Gämsen des Hochschwab. Und wenn man beim „Schwabenbartl" oder im „Fölzhotel" ein Zimmer bezog, hatte man es nicht mehr weit in die Regionen jenseits von 1.500 Metern Höhe.

Fölz war in der ersten Hälfte des 20. Jahrhunderts eine eigenständige Gemeinde. Erst 1955 wurde sie mit Thörl in einen Verband integriert. Diese Maßnahme beeinflusste die Charakteristik der Gemeinde, die der Einwohnerzahl nach weit größer als Thörl war, nachhaltig. Thörl war bis dahin vor allem durch seine Eisen verarbeitenden Betriebe geprägt, die auf allen Seiten an die Talenge angegliedert waren und im Verein mit den Arbeitersiedlungen ins offenere Umland hinausdrängten. Indem die wildromantische Fölz ein Teil der Gemeinde wurde, erhielt Thörl eine touristische Akzentuierung. Für die Gemeinde ist das insofern von Bedeutung, als die Eisenverarbeitung in den letzten Jahrzehnten deutlich an wirtschaftlichem Gewicht verloren hat. Nach wie vor ist die Marktgemeinde zwar Standort eines bedeutenden Eisen verarbeitenden Betriebes, aber die Beschäftigtenzahlen der Branche halten einem Vergleich mit den 1960er-Jahren längst nicht mehr stand. Dementsprechend ist die Bevölkerungszahl von Thörl, nachdem sie um 1970 einen Höchststand von etwa 2.600 Einwohnern erreicht hatte, wieder auf etwa 1.700 zurückgegangen. Das ist jene Marke, die auch um 1900 gegeben war.

Auf diesem Bild aus der Zeit um 1900 macht die Fölz den Eindruck eines von Menschen beinahe unberührten Tales.

Tatsächlich war die Fölz natürlich landwirtschaftlich erschlossen. Man nutzte den Talboden und die Flanken, soweit dies möglich war, vor allem als Weideland.

Auch die Wanderer und Jäger kamen häufig in die Fölz. Der „Schwaben-Wirt" oder „Schwaben-bartl", wie der bis heute geläufige Name lautet, war eine beliebte Station, von der aus man zu Touren in die Berge aufbrach.

Der Fölzstein liegt auf 1.945 Metern Höhe und ist hier im Hintergrund zu sehen. Dieser Berg bzw. der dahinterliegende 2.022 Meter hohe Fölzkogel waren Respekt heischende Ziele der Kletterer früherer Zeiten. Der Nimbus des Fölzsteins rührt von einem Bergdrama her, das sich dort im Mai 1905 zutrug. Drei erfahrene Kletterer stürzten bei schlechtem Wetter in den Tod. Das Ereignis zog damals lange Diskussionen über die richtige Kletterausrüstung nach sich.

Rudolf Schwanberger's Gasthaus zum Jagawirt, in der Fölz bei Aflenz, Steiermark m. d. Fölzstein. 60068

Noch ehe man richtig in die Fölz gelangt, erwartet einen bereits das erste Gasthaus. Der „Jagawirt" ist hier auf einem Bild aus dem Jahre 1942 zu sehen. Er wurde später neu- bzw. ausgebaut, mittlerweile ist er geschlossen und steht zum Verkauf.

Aflenz Lammerbauer in der Fölz mit Fölzstein 1956 m

Oberhalb des Talgrunds, wo die Spazierwege von Aflenz her kommen, ist auf einer Hangnase der „Lammerbauer" gelegen. Des Panaromas wegen war er stets ein beliebtes Ausflugsziel. Der Hintergrund dieses Bildes wird vom Fölzstein dominiert, jenem „dräuenden Vorwart und Thorwart des Schwab", wie Peter Rosegger ihn beschrieb.

Mitten in der Fölz wurde um 1890 das damals sehr komfortable „Hochschwab-" oder „Fölzhotel"
gebaut. Es verfügte über 40 Zimmer sowie „Wannen- und Douchebäder". Eine eigene Omnibus-
linie wurde zum Hotel geführt.

In der Zwischenkriegszeit wurde das „Fölzhotel" von der Pensionsanstalt für Angestellte über-
nommen. Sie richtete ein Erholungsheim ein. Mittlerweile steht das monumentale Gebäude seit
längerem leer. Die Wanderer stellen, wenn sie ihre Touren beginnen, die Autos auf dem Platz
davor ab.

Schwabenbartl in der Fölz bei Aflenz.

Der älteste Tourismusbetrieb in der Fölz ist der „Schwabenbartl". Er ist die letzte Station in der Fölz, bevor der Fölzbach auf Dauer eingezwängt wird und der Weg steiler bergan steigt.

Alpengasthaus „Schwabenbartl" in der Fölz. Hochschwabgebiet

Der „Schwabenbartl" ist über all die Jahre im Wesentlichen unverändert geblieben. Nur die Zimmer im Obergeschoss hat man irgendwann ausgebaut. Heute verfügt der Gasthof, abgesehen vom gastronomischen Angebot, über einige Lagerplätze.

Wenn man aus der Fölz kommend die Hütten der Fölzalm erreicht hat, befindet man sich bereits auf knapp 1.500 Metern Höhe und inmitten der Hochschwab-Berge. Hier sieht man, dass die Alm um 1920 noch intensiv als Weideland genutzt wurde und kaum zugewachsen war.

Die Hochalmflächen haben in den vergangenen Jahrzehnten viel von ihrer Bedeutung für die Landwirtschaft eingebüßt. Ein augenzwinkernd vorgetragener Spruch der Almleute besagt, dass es weitaus rentabler und weniger aufwendig sei, Gäste anstelle des Viehs zu melken. In den Hütten der Fölzalm kann man essen, trinken und auch übernachten.

Fölzklamm bei Aflenz, Steiermark. Hochschwabgebiet.

33181

Fölzklamm bei Aflenz, Steiermark.

33184 Hochschwabgebiet.

Unmittelbar vor der Fölzklamm verzweigt sich der Weg. Rechts, den Bach querend, gelangt man zum Gasthof „Schwabenbartl", links folgt man einem Weg, der aus Holzrundlingen gezimmert ist und über den Bach durch die Klamm am Ufer entlangführt. Im Anstieg gegen die Fölzalm hinauf vereinigen sich die beiden Wege wieder.

Um 1900 stellte die Fölzklamm gleichsam einen Scheidepunkt dar. Für die Aflenzer Kurgäste, die sie im Rahmen ihres Aufenthalts aufsuchten, war sie das Ziel, für die Bergtouristen begann hier erst das wahre Abenteuer.

Das enge Tal ist der eigentliche Grund für die Entstehung der Siedlung Thörl. Der Name kommt von jenem Tor, das in die Befestigungsanlage integriert war und die Straße absperrte. So konnte man die Verkehrswege, insbesondere jenen von Kapfenberg her in das Aflenztal und weiter über den Seeberg nach Mariazell, sehr leicht kontrollieren.

Ruine Schachenstein.　　　*Thörl*

Das „Thörl" wurde durch die im Spätmittelalter erbaute Ruine Schachenstein gesichert. Bauherr war seinerzeit das Kloster Sankt Lambrecht bzw. dessen Abt, Johann Schachner. Die Ruine trägt seinen Namen.

Herrschaftliche Bauwerke aus verschiedenen Epochen dominieren das Zentrum von Thörl. Unterhalb der Burg Schachenstein liegen das Schloss, das im 18. Jahrhundert gebaut wurde, und die Villa Auheim. Sie ersetzte ab 1877 das „Alte Haus", das ganz links zu sehen ist, als Sitz der Gewerken.

Thörl zeichnet sich durch ein eigenwilliges Zusammenspiel von neuzeitlicher Industrie- und Feudalkultur aus. Fabrikbauten mit rauchenden Schornsteinen und Arbeiterwohnsiedlungen schließen wie selbstverständlich an die Herrschaftsbauten aus älterer Zeit an. Das Foto wurde 1928 aufgenommen.

Aflenz ist auf einem Schwemmkegel entstanden. Von oben her kann man auf das historische Zentrum und die ganze umliegende Landschaft schauen. Ab 1920 trug der Ort stolz den Titel „Luftkurort".

5

Das Aflenztal

Genau genommen liegen die Gemeinden Aflenz-Kurort und Aflenz-Land im Seetal, das vom Seeberg herunter zuerst in Nord-Süd-Richtung und dann nach Südwesten verläuft. In der Gegend wird jedoch die Bezeichnung „Aflenztal" bevorzugt.

Dass zwei Gemeinden denselben Namen tragen und nur durch die Zusätze „Kurort" beziehungsweise „Land" unterschieden werden, mag für den Außenstehenden verwirrend sein. Es hat seinen Grund in einer wohl politisch motivierten Aufteilung der Großgemeinde Aflenz zu Beginn des 20. Jahrhunderts. 1910 wurde eine Dreiteilung beschlossen. Aflenz-Kurort hatte als wichtigsten Wirtschaftszweig den Fremdenverkehr, Aflenz-Land war eine agrarisch strukturierte Landgemeinde und Thörl, das bis dahin auch noch zu Aflenz gehört hatte, war eine Industriegemeinde. Kriegsbedingt wurde diese Trennung dann erst 1919 vollzogen.

In den Jahrzehnten davor war, im Gefolge eines zunächst noch bescheidenen Sommertourismus, ein Kurtourismus entstanden, der die Infrastruktur des Marktes stark veränderte. „Das steirische Davos" – die Bezeichnung stammt vom Brucker Primar Adolf Kutschera, der dort 1890 selbst Heilung erfahren hatte – bemühte sich als Höhenluftkurort um die Gäste der weiteren Umgebung bis nach Wien. Die Anreise war spätestens seit 1893, mit der Fertigstellung einer Schmalspurbahn von Kapfenberg her, komfortabel und problemlos möglich. Nicht lange nach der Jahrhundertwende etablierte sich auch der Wintertourismus in Aflenz. Vor allem die nordischen Disziplinen wurden in der Gegend intensiv gepflegt. Vor dem Zweiten Weltkrieg fanden hier österreichische Schimeisterschaften statt. Die Liftanlagen auf der Bürgeralm wurden allerdings erst in den 1950er-Jahren errichtet.

Über viele Jahrhunderte war Aflenz das kulturelle Zentrum für die Dörfer im weiten Umkreis gewesen. Das erklärt auch die Größe der Kirche. Mit 56 Metern ist sie sogar länger als die Grazer Domkirche. Ihre Gründung geht bis auf die Zeit um das Jahr 1000 zurück. Ab dem Beginn des 12. Jahrhunderts war sie dem Benediktinerstift Sankt Lambrecht unterstellt, das sich sehr um eine geordnete Verwaltung bemühte.

Höhenluftkurort Aflenz 765m, Stmk. 1066

In den 1930er-Jahren wiesen Aflenz-Kurort und auch die Dörfer von Aflenz-Land noch eine geschlossene Siedlungsstruktur auf. Dieses Bild zeigt im Hintergrund den Mitterberg und die Zieberer Höhe, die 1.486 Meter erreicht. Der Blick schweift von Norden, also von der Bürgeralm, her über die Region.

Sommerfrische Aflenz 770 m mit Hochschwab 2278 m. GH 4293

Hier sind die Bürgeralm und im Hintergrund das Hochschwabmassiv zu sehen. Die Aufnahme entstand vom Mitterberg aus.

48

Zweimal dieselbe Einstellung auf die Haupteinfahrtsstraße nach Aflenz. Das Foto oben stammt aus dem Jahre 1910, das untere entstand zehn Jahre später.

Die Aflenzer Kirche wurde in mehreren Phasen im 14. und zu Beginn des 15. Jahrhunderts gebaut. Der Turm, der als mächtiger Wehrbau errichtet wurde und als architektonisch sehr gelungen gilt, weist sich mit der Jahreszahl 1451 aus. Die Kirche ist dem heiligen Peter geweiht, was auf die ehemalige Zugehörigkeit zur Diözese Salzburg hinweist.

Das Südportal der Aflenzer Pfarrkirche zeichnet sich durch eine
ganz eigentümliche Rahmen- und
Stabwerksdekoration aus. Weil
eine große Ähnlichkeit mit jenem
der ehemaligen Stiftskirche in Göß
besteht, wird teilweise angenom-
men, dass die Kirchen denselben
Baumeister hatten.

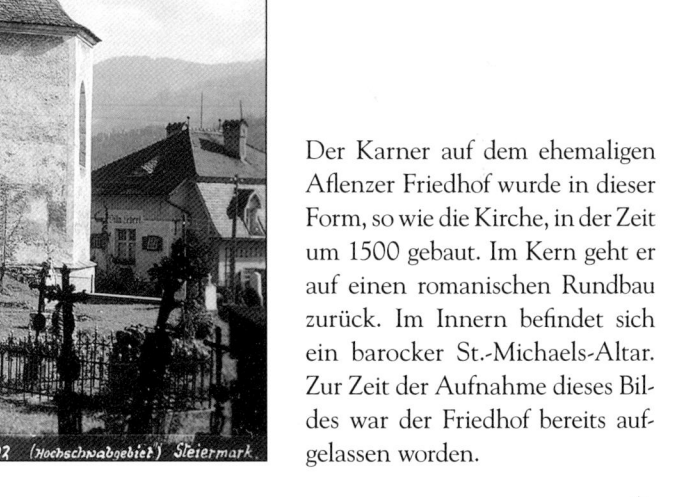

Aus Aflenz (Hochschwabgebiet) Steiermark.

Der Karner auf dem ehemaligen
Aflenzer Friedhof wurde in dieser
Form, so wie die Kirche, in der Zeit
um 1500 gebaut. Im Kern geht er
auf einen romanischen Rundbau
zurück. Im Innern befindet sich
ein barocker St.-Michaels-Altar.
Zur Zeit der Aufnahme dieses Bildes war der Friedhof bereits auf-
gelassen worden.

51

Drei Jahrzehnte, nachdem man Aflenz als Kurort entdeckt hatte, war die Infrastruktur des Ortes schon sehr stark auf den Fremdenverkehr ausgerichtet. Nach dem Ersten Weltkrieg konnte er bald wieder an seine erste Blütezeit anschließen.

Abseits des Zentrums blieb das Ortsbild aber noch lange Zeit landwirtschaftlich geprägt.

Im Zentrum von Aflenz, neben der Kirche, befindet sich das Hotel Karlon. Dieser traditions-reichste Beherbergungsbetrieb im Ort wurde vom Bistum Sankt Lambrecht gegründet und war ursprünglich auch die Poststation. Seit dem Ende des 18. Jahrhunderts befindet er sich in Familienbesitz.

Das ebenfalls traditionsreiche Kaufhaus Michaeler liegt gegenüber dem Hotel Karlon. Diese Straßenszene wurde in den 1930er-Jahren aufgenommen.

Aflenz, 765 m Seehöhe, Steiermark.

Am Beginn des 20. Jahrhunderts kam der Automobilverkehr auf. Zu dieser Zeit waren die Straßen noch sehr staubig. Kurorte wie Aflenz, die der guten Luft wegen aufgesucht wurden, litten besonders darunter, da sich viele der wohlhabenden Besucher ein Auto leisten konnten. Das obere Bild entstand um 1909. Links ist ein frühes Verkehrsschild zu sehen, das zum Langsam-Fahren aufforderte.

Im Haus Nummer 9 gegenüber der Aflenzer Kirche, das weit in die Straße vorragt, ist heute das Gemeindeamt untergebracht. Bis in die 1920er-Jahre war es eine Hotel-Pension mit dem Namen „Reis". Als solche ist es auf der Abbildung auch ausgewiesen. Nachdem man das Gebäude 1927 versteigerte, diente es als privat geführtes Realgymnasium.

Weil die Schule nicht mit Öffentlichkeitsrecht ausgestattet war, mussten die Schülerinnen und Schüler ihre Prüfungen in Bruck an der Mur ablegen. Nach der nationalsozialistischen Machtergreifung wurde das Gymnasium offenbar nicht mehr ganz im Sinne der Behörden geführt. Es wurde als einfache Schule weitergeführt und erhielt den Namen „Waldbauern-Schule", der auf Peter Rosegger zurückgeht.

Das Tuberkulose-Sanatorium „Am Hofacker" war zu seiner Zeit eine moderne Heilstätte, die man bei Atemwegserkrankungen aufsuchte. Es wurde zunächst privat geführt und ging später in den Besitz des Gewerkschaftsbundes über. Nach der Teilung der Großgemeinde Aflenz im Jahre 1919 kam der Ortsteil Dörflach, wo das Sanatorium liegt, zur Gemeinde Aflenz-Land.

Die sogenannte „Sonnenkinder-Station" war ein Heim für Kinder, die an einer speziellen Form der Tuberkulose litten. Es wurde 1912 von Neumarkt, wo es ein Jahr zuvor gegründet worden war, nach Aflenz verlegt.

Auch das heute noch bestehende Freibad entstand infolge der Entwicklung von Aflenz zum Luftkurort. Es wurde im Anschluss an den Kulturpark angelegt. Hier ist es im Jahre 1928 zu sehen.

Schwimmbad in Aflenz Kurort 765 m Stmk.

Wie die Aufnahme von 1953 zeigt, hatte man vom Schwimmbad aus einen schönen Blick auf Aflenz, das Tal und den Mitterberg.

Die wirtschaftliche Entwicklung von Aflenz wurde in der Zwischenkriegszeit und frühen Nachkriegszeit auch dadurch begünstigt, dass sich mit dem Wintertourismus eine zweite Saison etablierte, die eine halbwegs gleichmäßige Auslastung der Beherbergungs- und Gastronomiebetriebe sicherte. Man führte mitunter die Bezeichnung „Winter-Kurort".

Insbesondere für das Schispringen und Langlaufen war Aflenz in den 1930er-Jahren weitum bekannt.

Immer wieder fanden in Aflenz Wintersport-wettbewerbe statt, die von überregionaler Bedeutung waren.

Auch in der Zwischenkriegszeit wurde der alpine Schisport gepflegt. Allerdings gab es, im Gegen-satz zu alpinen Schigebieten im Westen, noch längere Zeit keine Liftanlagen.

Das Pierergut hat seinen Namen von jenem Landwirt, der im Spätmittelalter als erster Bauer urkundlich erwähnt wurde. Der Hof gehörte seinerzeit zum Kloster Sankt Lambrecht. 1904 wurde das Gut von der Aflenzer Forst- und Almgemeinschaft gekauft und in der Folge als Gastwirtschaft geführt.

Der ehemalige Hof, der dann auch den Namen „Zum Pierer" trug, liegt oberhalb des Aflenztales auf 998 Metern Höhe. Er wurde lange Zeit als Pension geführt und ist heute ein gut besuchtes Gasthaus. Die Aufnahme entstand Ende der 1960er-Jahre.

Berglift - AFLENZ - Bürgeralm

Die Bürgeralm, der Hausberg von Aflenz, wurde 1954 durch einen Sessellift erschlossen. Seither gelangen Wanderer und Schiläufer komfortabel von Aflenz aus auf 1.500 Meter Seehöhe. Ein kleines Schigebiet, aber auch die ganze Alpinlandschaft des Hochschwab wurden dadurch leichter zugänglich gemacht.

Sessellift AFLENZ KURORT - BÜRGERALPE, 1510 m, Stmk.   45282

Die Bürgeralm ist ein Almdorf, dessen Struktur ganz der traditionellen Wirtschaftsweise entspricht. Die Bauern einer Gemeinde besaßen anteilsmäßige Rechte, hatten jeweils eigene Almhütten und nutzten das Weideland der Alm gemeinsam. Die Aufnahme entstand um 1930.

Damals begann man auch damit, dem zunehmenden Ausflugstourismus auf die Bürgeralm die entsprechende Infrastruktur zur Verfügung zu stellen. Die Kapfenberger Naturfreunde betrieben eine Schihütte und der Aflenzer Franz Karlon ein respektables alpines Gasthaus.

Die 1.810 Meter hohe Windgrube stellt eine markante Begrenzung der Bürgeralm dar. Von hier aus gelangt man über den Endriegel relativ bequem und auf direktem Wege mitten hinein in das Hochschwabmassiv. Gar so spektakulär wie es dieser Bildausschnitt suggeriert, ist der Felsengipfel allerdings nicht, denn das Gelände fällt in jede Richtung sanft ab.

Das hier abgebildete „Schönleitenhaus" gibt es auf der Fotografie oben noch nicht und heute nicht mehr. Es wurde um 1980 durch einen Blitzschlag zerstört und brannte ab. Abseits davon wurde aber ein neues Haus errichtet, das ebenfalls stark auf den Wintertourismus hin ausgerichtet ist.

AFLENZ·Bürgeralpe 1560 m

4639 E

Schon in den 1930er-Jahren fuhr man auf der Bürgeralm Schi. Allerdings musste man damals selbstständig, also auf Schiern oder zu Fuß, hinaufgehen. Auch auf der Alm selbst gab es keine Aufstiegshilfen. Links im Vordergrund ist jenes Alpengasthaus zu sehen, das auf Seite 62 unten als Neubau abgebildet ist.

Schlepplift Bürgeralm–Schönleiten 1810 m

Dreißig Jahre später präsentiert sich die Bürgeralm als kleines, aber passabel erschlossenes Schigebiet. Im Bild der Schönleitenlift, der die Schifahrer zur Windgrube hinaufbringt.

Der alte Alpengasthof, der später den Namen „Gollner" trug und heute „Schönleitenblick" heißt, wurde in den 1960er-Jahren zu einem größeren Beherbergungsbetrieb ausgebaut. Noch immer galt die Bürgeralm als respektables Schigebiet, doch waren keine weiteren Erschließungsmöglichkeiten gegeben. Aflenz verlor gegenüber anderen Destinationen zunehmend an Bedeutung.

Diese Abbildung, die den Schönleitenlift von oben her zeigt, vermittelt den Eindruck eines quasi idealen Schitages. Die Bürgeralm liegt im Sonnenschein, erst dahinter, über Aflenz und Thörl, breitet sich eine dichte Nebeldecke aus, die erahnen lässt, um wie viel düsterer dieser Tag dort unten gewesen sein muss.

Höhenluftkurort AFLENZ, 765 m, mit TUTSCHACH, geg. Hochschwab, 2278 m. Stmk.   41343

Am Ende des 19. Jahrhunderts, als sich der Ort Aflenz – im Hintergrund – als „steirisches Davos" gerierte, kam bei den Gemeindevertretern der Wunsch auf, sich von den umliegenden, landwirtschaftlich geprägten Orten abzulösen. 1909 wurde die Idee schließlich konkret. Die kleinen Dörfer, die über das Aflenztal verstreut lagen, sollten in der Gemeinde Aflenz-Land zusammengefasst werden, die aus fünf Katastralgemeinden besteht. Das Bild oben zeigt im Vordergrund Tutschach, das Bild unten Jauring, jeweils Mitte des 20. Jahrhunderts.

Sommerfrische Jauring, 730 m Seehöhe, bei Aflenz, Stmk.   3827

Sommerfrische Dörflach b. Aflenz

Bedingt durch den Ersten Weltkrieg dauerte es noch bis 1919, bis die Trennung der Gemeinden auch tatsächlich vollzogen wurde. Aflenz-Land wurde allerdings mit dem Gemeindestatus mehr oder minder zwangsbeglückt. Es gab weder eine entsprechende Infrastruktur, noch ein erkennbares Zentrum. Im Bild oben sieht man die Katastralgemeinde Dörflach. Unten sind im Vordergrund Döllach und im Hintergrund Grassnitz zu sehen. Auch diese Aufnahmen entstanden Mitte des 20. Jahrhunderts.

GRASSNITZ - DÖLLACH 812-26

Das sogenannte Tutschacher Kreuz ist eine Kalvarienbergkapelle, zu der einst von verschiedenen Seiten Kreuzwege führten. Heute gibt es nur noch einen Weg, der von Jauring heraufkommt. Die Kapelle wurde im 17. Jahrhundert gebaut und diente als sogenanntes Urlauberkreuz. So wurde jene Stelle bezeichnet, an der sich die Pilger nach Mariazell versammelten, bevor sie ihre Wallfahrt begannen.

Jauring ist nach dem gleichnamigen Bach benannt, der aus dem Graben unterhalb der Windgrube ins Aflenztal fließt. Das Bild, auf dem sich das Dorf hier präsentiert, wurde um 1930 aufgenommen.

Die bedeutendste Alm der Bauern von Aflenz-Land ist die Schießlingalm, die knapp 1.500 Meter hoch liegt. Sie erschließt bereits die Hänge zum Seegraben, der vom Aflenztal hinauf zum Seeberg verläuft.

Die Schießlingalm ist durch eine Mautstraße und einige Wanderwege erschlossen. Dem Ausflugstourismus steht ein Almgasthof zur Verfügung.

Seewiesen liegt auf fast 1.000 Metern Höhe. Der noch junge Seebach hat hier ein starkes Gefälle. Bei heftigen Regenfällen kann er große Verwüstungen verursachen.

6

Das Seetal

Die Landschaft, die sich vom 1.246 Meter hohen Seeberg herunter zu einem schattigen Tal verengt und erst ab Au wieder zur weitflächigen Hochebene von Turnau weitet, erfuhr eine uneinheitliche wirtschaftsgeschichtliche Entwicklung. Stets spielte die Landwirtschaft eine große Rolle, vor allem die Viehwirtschaft. Wer heute in das Tal kommt, ahnt kaum, dass es hier früher auch eine rege Industriekultur gab. Nicht die großen Unternehmen waren am Werk, aber kleinere und mittlere Betriebe gab es noch, überall an den Bächen, Straßen und Berglehnen. Da standen Hammerwerke, Stampfen, Mahlmühlen und Bergwerke, in denen Stein- und Braunkohle, Gips und Erze abgebaut wurden. So bot sich den Durchreisenden ein Bild von vielfältiger Geschäftigkeit.

Das Seetal und die Verbindung über den Pass hinüber ins Aschbachtal stellten immer auch einen Verkehrsweg dar, auf dem Waren zwischen den Regionen im Einzugsbereich der Mur und jenem der Donau hin- und hertransportiert wurden. Zwar handelte es sich nie um eine Hauptverbindung, weil der Seeberg höher und deswegen schwerer zu überwinden war als andere Übergänge, aber allein die Erzeugnisse aus der näheren Umgebung verursachten ein gewisses Transportaufkommen.

Für die Pilger allerdings, die von Süden her kamen, war der Weg über den Seeberg die wichtigste Route nach Mariazell. Dementsprechend standen die Kirchen und Kapellen und auch die Gasthäuser entlang der Route stets in einem Zusammenhang zur bedeutendsten Wallfahrtsstätte Österreichs. Längst aber ist alles anders. Die Landwirtschaft in der Region hat keine fundamentale Bedeutung mehr für die Ernährung der Bevölkerung, jeglicher Bergbau ist längst aufgegeben, die Industrie größtenteils abgesiedelt. Und auch wenn die Straßen als Handels- oder Pilgerwege genutzt werden, so macht doch kaum noch jemand im Seetal Halt. Der Fremdenverkehr ist heutzutage als neu entstandener Wirtschaftszweig teilweise eingesprungen, vielfach pendeln die Bewohner des Tales aber auch aus.

Turnau ist hier um 1900 zu sehen. Seit 1893 war das Seetal durch die Eisenbahn mit Kapfenberg verbunden. Davon profitierte auch Turnau. Die Gemeinde verzeichnete in den folgenden Jahrzehnten einen Höchststand bei den Bevölkerungszahlen.

Ein Ortsbild, wie man es in Österreich heute eigentlich nicht mehr kennt, wie es aber Ende der 1960er-Jahre, als dieses Bild aufgenommen wurde, noch gang und gäbe war. Der Hauptplatz von Turnau war noch nicht asphaltiert.

Wie die anderen Pfarren der Gegend auch, gehörte die Kirche von Turnau früher zum Stift Sankt Lambrecht. Gebaut wurde sie im Spätmittelalter. Die Legende erzählt, dass ihr mächtiger Wehrturm einst ein Wachturm zum Schutz der Wanderer und Pilger gewesen sei. Ringsum habe es damals nur Auen und Wälder gegeben – daher der Name „Turm-Au".

Etwa um 1525 entstanden die Fresken, deren Reste an der Südwand der Turnauer Kirche erhalten sind. Sie zeigen den heiligen Christophorus, der damals ein sehr populärer Heiliger war. Man glaubte nämlich, dass man an dem Tag, an dem man sein Bild sieht, nicht sterben könne.

Sommerfrische Turnau, Steiermark. Gasthof Gamsjäger. 29545

Auf einer Anhöhe südlich von Turnau baute ein Matthias Gamsjäger vor 100 Jahren ein landwirtschaftliches Gut zu einem Gasthaus aus. Des Ausblicks wegen, den man von dort unter anderem durch das Seetal hinauf bis zu den Aflenzer Staritzen hatte, bekam es den Namen „Zur schönen Aussicht".

Sommerfrische Turnau, Steiermark gegen Aflenzer Staritzen /1983 m.

Nicht das Gasthaus, nur der Name „Gamsjäger" ist als Bezeichnung eines Wanderweges dorthin erhalten geblieben. Man überblickt den Großteil des Turnauer Gemeindegebietes, der Hauptort selbst liegt hier im Vordergrund. Weiter hinten ist Göriach zu erkennen und dort, wo das Seetal enger wird, liegt Au.

„Au-Seewiesen" hieß die Endstation der Thörlerbahn. Die Menschen des kleinen Ortes lebten früher vom bescheidenen Bergbau, den es in der Umgebung gab, sowie vom Verkehrsumschlag über den Seeberg-Pass.

Gasthäuser waren stets ein Zeichen für die Betriebsamkeit, die in einem Ort herrschte. Besonders zahlreich waren sie an Handels- und Pilgerstraßen, weshalb es in Au deren mehrere gab. Die Aufnahme, die um 1960 entstand, zeigt das Gasthaus „Zur Gemse".

GRÜN - SEE bei Au - Seewiesen, geg. Aflenzer Staritzen, 1989 m, Steiermark.

Etwas außerhalb von Au, gleich beim ehemaligen Gasthaus „Zur Gemse", liegt der sogenannte Grüne See, der vom Seebach gebildet wird. Nicht verwechselt werden darf das kleine Gewässer mit dem namensgleichen See bei Tragöß.

Auch der Dürrsee weiter oberhalb im Tal, schon nahe bei Seewiesen, ist ursprünglich ein natürlicher See. In der heißen Jahreszeit trocknete er früher immer wieder einmal aus. Daher hat er seinen Namen. Das Bild, das den Dürrsee hier zeigt, entstand vor über 100 Jahren.

Seewiesen zu Beginn des 20. Jahrhunderts. Die Sage will wissen, dass anstelle des Ortes einst ein großer See den fruchtbaren Talgrund füllte. Dieser entstand infolge eines bösen Zaubers und es war dem Mut eines Ritters zu verdanken, dass er wieder abfloss.

Da die Braut des Ritters mit einem anderen Mann vermählt werden sollte, kämpfte er heldenhaft um sie und sprang schließlich, der Übermacht weichend, mit ihr in den See. Am nächsten Tag waren die Wasser verschwunden und saftige Wiesen an ihre Stelle getreten. Zurück blieb nur der kleine Dürrsee.

Der Bau der Kirche von Seewiesen fällt ins 14. Jahrhundert. Geweiht wurde sie dem heiligen Leonhard, der einst ein viel verehrter Viehpatron war. Die Bauern aus der ganzen Gegend kamen am 6. November, dem Namenstag, oder immer dann, wenn eine Viehseuche grassierte, hierher und brachten Opfer dar.

Der ehemalige Gasthof „Zur Post" in den 1930er-Jahren. Seewiesen ist jener Ort, wo die Straße über den Seeberg richtig steil zu werden beginnt. Wenn man mit schwereren Fuhrwerken über den Pass wollte, mussten zusätzliche Pferde vorgespannt werden. Manche Bewohner des Ortes verdienten sich mit diesem Dienst ihren Lebensunterhalt.

Der „Alpengasthof Schuster" kann auf eine bald 200-jährige Tradition in Seewiesen zurückblicken. Die Ansicht von 1960 zeigt das Hauptgebäude noch ohne den Anbau, durch den es später nach hinten erweitert wurde. Der markante Schriftzug auf dem Dach grüßt zur Seebergstraße hinauf. Den Hintergrund markiert der 1.836 Meter hohe Große Feistringstein.

Sommergäste genossen im Jahre 1962 im alten „Seeberghof" das Panaroma, das Seewiesen nach allen Seiten hin aufweist. Später wurde der „Seeberghof" neu errichtet. Er wird als Hotelbetrieb bis heute geführt und ist bekannt für seine gute Küche.

Von Seewiesen aus windet sich die Straße gegen den Seeberg, der 1.246 Meter hoch ist, hinauf. Alten Beschreibungen zufolge war dieser Abschnitt, im Gegensatz zur Straße im Tal, in einem schlechten Zustand. Wer zu Fuß unterwegs war, dem wurde empfohlen, den Fußweg auf die Passhöhe zu benutzen.

Am und um den Seeberg herum wurde auch viel Schi gefahren. Das Alpenhaus am Pass ist hier um 1960 zu sehen, es hatte früher dieselben Besitzer wie der „Alpengasthof" in Seewiesen. Seit etwa zehn Jahren wird das Haus nicht mehr bewirtschaftet.

Voller Stolz posierten die beteiligten Handwerker 1929 vor dem Ergebnis ihrer Arbeit, einem neu errichteten Haus am Seeberg.

Hackenalpe 1287 mtr.

Das Seetal knickt bei Seewiesen nach Westen hin ab. Wenn man von diesem Knick aus zur Südflanke des Tales geht, gelangt man unterhalb des Großen Feistringsteins auf die Hackenalm, die auf einer Höhe von knapp 1.300 Metern liegt. Auf dieser Aufnahme, die um 1900 entstand, posiert das Almpersonal in den Sonntagskleidern.

Blickt man aus erhöhter Position über die Kirche und den
Pfarrhof von Seewiesen hinweg, dann breiten sich vor
einem das obere Seetal und die Dullwitz aus, die
über einen ersten steileren Anstieg zu
erreichen ist.

7

Die Dullwitz

Man kennt sie als jenes Tal, das den am wenigsten beschwerlichen Zugang zum Hochschwab anbietet. Dabei handelt es sich gar nicht um ein typisches Tal, weil es des Kalksteins wegen in vielen Bereichen ohne Oberflächenwasser ist. Über eine Art von Kaskaden geht man von Seewiesen aus zuerst durch das obere Seetal, dann durch die Untere und schließlich durch die Obere Dullwitz, an die der Edelsteig anschließt, der einen mitten in die Felsen hineinführt.

Gebirgig ist es natürlich links und rechts der Dullwitz auch. Man wandert die ganze Zeit über zwischen 2.000ern, aber der Talgrund bietet immerhin Platz für zwei ansehnliche Almen. Vor hundert Jahren wurden hier an die 20 Milchkühe und zehn Ochsen gealpt. Heute gehört die Dullwitz nicht mehr den Almhirten, sondern den Wanderern und Jägern. Die beiden Hütten in der Oberen Dullwitz existieren nicht mehr, die in der Unteren Dullwitz wurden vor einigen Jahren durch Blitzschlag zerstört, aber wieder aufgebaut. Die Almwiesen werden, wie anderswo auch, nicht mehr vom aufkommenden Gehölz und den Vermurungen befreit, sodass gutes Weideland für das Vieh nur noch unten im Seetal vorhanden ist. Auf der anderen Seite engagieren sich seit über 100 Jahren Alpinvereine für die touristische Erschließung des Tales und auch der umliegenden Berge.

An einer Geländekante, einer dieser „Kaskaden", ist eine Gedenktafel aufgestellt, die man hier nicht vermuten würde. Es handelt sich um ein sogenanntes Franzosenkreuz. Eine Tafel, die den Hintergrund erklären könnte, fehlt und das Kreuz selbst wurde offenbar durch Schneedruck umgebogen. Auch Etmißl hat so ein Franzosenkreuz. Beide erinnern sie an die Napoleonischen Kriege. Am 7. und 8. November 1805 kam es in dieser Gegend zu einer Schlacht zwischen französischen und österreichischen Soldaten. Die Franzosen waren, wie anderswo auch in diesen Wochen und Tagen, erfolgreich. Am 12. November erreichten sie Wien. Zwei Tage später bezog Napoleon Quartier im Schloss Schönbrunn.

HOCHSCHWAB DULLWITZ-HÜTTE 1555m. 293

Diese Aufnahme entstand vor etwa 60 Jahren, als die Almhütte auf der Unteren Dullwitz, die auf 1.284 Metern Höhe gelegen ist, noch als Sennerei betrieben wurde.

Untere Dullwitz-Almhöhe 1555 m Hochschwab 2278 m
gegen große G'schirrmauern 34077

Touristen bewirtete man auf der Almhütte auch damals schon. Sie hatte den Namen „Florlhütte" erhalten, wahrscheinlich nach ihrem Pächter Florian Klein.

Der sogenannte Ochsensteig ist der Wanderweg, der im letzten Abschnitt des Südhangs der Unteren Dullwitz zur Voisthaler Hütte hin führt. Er heißt wohl so, weil ihn die Menschen von den Tieren, die hier gealpt wurden, übernahmen.

Am Ochsensteig. Hochschwab, 2278 m.

Die Voisthaler Hütte wurde von der gleichnamigen Alpinvereinigung errichtet und auch betrieben. Der Verein erschloss den Hochschwab ursprünglich gemeinsam mit dem Österreichischen Touristenclub für Wanderer und Kletterer. Auffassungsunterschiede führten zu einer Trennung. Die Voisthaler sind heute ein Sektion des Österreichischen Alpenvereins.

Ursprünglich war Aschbach der Hauptort einer flächen-
mäßig sehr großen Gemeinde, die die Täler hinauf zum
Niederalpl, zum Seeberg und hinunter nach Gußwerk
sowie ein weites Bergland mit einschloss. 1908 wurde die
Gemeinde Aschbach in Gußwerk umbenannt.

8

Das Aschbachtal

Die historische Eisengewinnung in der Steiermark hat einen Namen: „Erzberg". Dass es früher darüber hinaus zahlreiche andere Abbaustätten gab, verschwand aus dem allgemeinen Bewusstsein. Das Aschbachtal, dessen Bewohner im 19. Jahrhundert zum überwiegenden Teil vom Abbau beziehungsweise der Aufbereitung des Erzes lebten, ist ein anschauliches Beispiel dafür. Tiefe Stollen wurden in die Berge getrieben, allenthalben versahen Hochöfen ihren Dienst, Hämmer, Knappensiedlungen und Gewerkenhäuser prägten das Landschaftsbild.

Aber gegen Ende des 19. Jahrhunderts, just als man damit begann, die Transportverbindungen zwischen den Produktions- und Abnahmestätten auszubauen, ging die Eisenindustrie des Aschbachtales zu Grunde. Innerhalb nur eines Jahrzehnts wurde 1891 der Betrieb der Hochöfen von Aschbach und 1899 von Gußwerk eingestellt. Auch mit dem Bergbau in Sohlen und Gollrad ging es in jenen Jahren zu Ende. Die Eisenproduktion im Aschbachtal war nicht mehr konkurrenzfähig.

Die Arbeiter wanderten nach Donawitz, Kindberg und Eisenerz ab. Innerhalb eines Jahrzehnts verlor das Tal fast ein Drittel seiner Bevölkerung. Dieser Rückgang konnte zwar in den folgenden Jahrzehnten teilweise wieder wettgemacht werden, er setzte sich dann aber besonders ab 1970 weiter fort. Insgesamt ging die Einwohnerzahl in den letzten 140 Jahren um zwei Drittel zurück. Die verbliebenen Bewohner leben vorwiegend von der Forstwirtschaft, ist doch die Gemeinde Gußwerk seit jeher ausgesprochen waldreich. Die Landwirtschaft spielte demgegenüber stets eine weniger große Rolle, auch wenn ein Reisender 1823 vom „erhebenden Anblick" schwärmte, den „der aufgehäufte Segen des Getreides" bot. 100 Jahre später aber, als die Getreideeinfuhr günstiger als der Eigenanbau geworden war, beschränkte sich der Ackerbau immer mehr auf den Anbau von Futtergetreide und Erdäpfeln. Es blieb vor allem die Viehwirtschaft über, die im Brandhof, dem einstigen Mustergut von Erzherzog Johann, auf einen wertvollen symbolischen Vertreter verweisen kann.

Unterhalb vom Seeberg, in einer Mulde auf 1.100 Metern Höhe, befindet sich die Seebergalm. In den 1950er- und 1960er-Jahren, als diese Aufnahme entstand, waren dort vier Sennerinnen beschäftigt. Es wurden etwas 20 Jungrinder und immerhin 22 Kühe aufgetrieben.

Die Passstraße, die heute die Seebergalm umläuft, führte früher mitten durch das Dörfl. Im Winter nutzte ein bescheidener Tourismus die Almhütten.

Erzherzog Johann, der den Hochschwab als bevorzugtes Jagdrevier schätzen lernte, kaufte im Jahre 1818 den Brandhof am Seeberg. Bis 1828 ließ er ihn zu einem Jagdschloss und milchwirtschaftlichen Mustergut ausbauen. Dieser Stich von 1840 zeigt das Gehöft umrahmt von einer biedermeierlichen Szenerie.

Alsbald verloren sich die landwirtschaftlichen Intentionen, die der Erzherzog mit dem Brandhof verfolgte. Seine Nachfahren betrieben ihn als Jagdschloss. Imposant ist die riesige Trophäensammlung, die in den großen Hallen des Gebäudes untergebracht ist. Der Blick zur Straße, von der aus der Hof hier zu sehen ist, ist mittlerweile durch Bäume verstellt.

Gollrad ist ein kleines Straßendorf, das in den 1950er-Jahren längst ruhig und beschaulich geworden war. Im 19. Jahrhundert war es eine reine Knappensiedlung. Eine ganze Reihe von Stollen
wurde von hier aus in den Berg getrieben.

Der Ort Gollrad selbst liegt als Straßendorf auf einer Geländekuppe. Unterhalb des Dorfes, im
sogenannten Knappengraben, befanden sich die Keuschen der Bergarbeiter und die Erzaufberei-
tungsstätten.

90

Bis 1891 war in Aschbach der Hochofen der sogenannten Marienhütte in Betrieb. Die Abbildung zeigt das Dorf noch als Industrieansiedlung. Im Vordergrund links sind aber auch Ackerflächen zu sehen. Im Laufe des 20. Jahrhunderts wurde der Feldbau nach und nach aufgegeben.

In den 1960er-Jahren bot Aschbach ein völlig verändertes Bild. Die Marienhütte war bereits verschwunden. Einzig ein Hochofenstock wurde restauriert und erinnert heute wieder an die „eiserne" Vergangenheit. Die Holzwirtschaft dominierte das Erscheinungsbild des Dorfes.

Der Ortsname „Wegscheid" bezieht sich auf den Kreuzungspunkt zweier Straßen. Vom Seeberg und vom Niederalpl her treffen sich jene in Richtung Gußwerk. Bis 1918 zweigte auch noch die Verbindung ins Salzatal hier ab. Damals rutschte die Straße über den Kastenriegel auf einer Länge von fast einem Kilometer ab. Des Wasserschutzes wegen wurde sie nicht wieder hergestellt.

Ein Straßenknotenpunkt war auch früher schon ein günstiger Ort für Beherbergungsbetriebe. Für die vielen Pilger und Handlungsreisenden wurden u.a. in Wegscheid entsprechend große Gasthäuser geschaffen. Ab dem Ende des 19. Jahrhunderts erhöhte sich die Reisegeschwindigkeit der Pilger und damit begann der Niedergang der Wegscheider Unterkünfte.

J. Winter's Gasthof, Fallenstein

Auch Fallenstein im unteren Aschbachtal ist eine Siedlung, die ihre Existenz dem Durchzugsverkehr verdankt. Sie bestand schon um 1900 vor allem aus Gasthäusern. „Winters zum Fallenstein", rechts, entstand 1860 wohl aus einer Bauernwirtschaft. Als gut geführtes Gasthaus hat es sich bis heute gehalten.

Der charakteristische Felsen über der Siedlung hat Fallenstein den Namen gegeben. Das Gasthaus „Eder", hier im Vordergrund in den 1950er-Jahren zu sehen, war das zweite traditionsreiche Gasthaus. Angeblich hat 1572 eine habsburgische Erzherzogin, die sich auf einer Wallfahrt nach Mariazell befand, hier entbunden.

Im Jahre 1900, nachdem die Eisengießerei eingestellt worden war, brach eine sehr schwere Zeit für Gußwerk an. Der Ort verdankt seinen Namen dem Werk und nun hatte er die Existenzgrundlage für einen Großteil der Bevölkerung verloren. Die Menschen wanderten ab und die Gemeindevertreter wandten sich erfolglos mit der Bitte an den Kaiser, Gußwerk an die Eisenbahn anzuschließen.

1745 wurde das „Eisengießwerk bei Mariazell" gegründet. Man produzierte vor allem Kanonen, Mörser und Munition und steigerte die Produktion kontinuierlich. 1852 wurden die hier abgebildeten drei Hochöfen neu gebaut. Fast 800 Arbeiter wurden damals beschäftigt. Zur Zeit der Aufnahme, Ende der 1890er-Jahre, war Gußwerk im Konkurrenzkampf gegen Eisenerz unterlegen.

Gusswerk, 746 m Seehöhe, Steiermark.

Die industrielle Vergangenheit, die letztlich die Identität des Ortes ausmachte, wirkte lange Zeit lähmend. Sie wurde erst in den letzten Jahrzehnten als herzeigenswerte Besonderheit begriffen. Die Sehenswürdigkeiten sind das Montanmuseum im ehemaligen Amtshaus und der „Kanon-park", in dem frühere Erzeugnisse aufgestellt sind.

Auf dem Gemeindegebiet von Gußwerk sind auch Quellen der Zweiten Wiener Hochquellen-wasserleitung gefasst. Ein Weg, der wohl im Zuge der Arbeiten daran gebaut worden war, wurde später als Promenadenweg genutzt.

Seit den 1890er-Jahren wurde die Straße auf dem Talgrund der Salza, zwischen Gußwerk und Wildalpen beziehungsweise Palfau, ausgebaut. Abgelichtet wurde hier 1930 unterhalb von Weichselboden eine Gruppe von Sommergästen auf einer Ausflugsfahrt.

9

Das Salzatal

Die Salza ist ein Dorado für Wildwassersportler, bietet sie doch ideale naturräumliche Voraussetzungen. In Wildalpen, dem Hauptort, ist während der Sommermonate das ganze Leben auf die Paddler, Kanuten und Rafter abgestimmt. Zu übermäßigem Wohlstand verhelfen sie der ansässigen Bevölkerung dennoch nicht. Die Angebote für den Wildwassersport sind tendenziell im Billigsegment angesiedelt. Außerdem ist die Saison zu kurz und für einen adäquaten Wintertourismus fehlt die Infrastruktur.

Hemmend für die ökonomische Entwicklung sind auch die strengen Wasserschutzauflagen, die in der Region gelten. Jedes Bauvorhaben, von der Garage über eine Straße bis hin zum Wirtschaftsbetrieb, der sich hier ansiedeln will, bedarf einer besonderen Genehmigung. Denn durch das Salzatal verläuft die Zweite Wiener Hochquellenleitung, deren Wasser in den Flanken des Hochschwabmassivs gefasst wird. Die Interessen der Gemeinde Wien als Grundbesitzerin und größte Arbeitgeberin der Region zielen stets darauf ab, die bestmögliche Trinkwasserqualität zu erhalten. Umgekehrt investiert sie auch in die örtliche Infrastruktur, allerdings im Rahmen der Auflagen, die sie selbst definiert.

Der Wildwassersport steht ein wenig in der Tradition der Trift und Flößerei, die in früherer Zeit auf der Salza einen besonderen Stellenwert einnahmen. Ursprünglich hatte man das Eisen des Erzberges mit Holzkohle verhüttet. Der enorme Bedarf an Brennstoff beschäftigte im weiten Umkreis viele Holzfäller und Köhler. Das Holz triftete man unter anderem auf der Salza seinem Bestimmungsort entgegen. Im 19. Jahrhundert, als die Eisenverarbeitung modernisiert und Steinanstelle von Holzkohle verwendet wurde, band man das Holz aus den Wäldern zu Flößen zusammen, damit es weniger Schaden nahm und als Nutzholz verwendet werden konnte. So ließ man es zur Enns und zur Donau schwimmen. Noch immer wird im Salzatal intensive Waldwirtschaft betrieben, aber längst schon bringt man das Holz mit schweren Maschinen und Lkw an seine Bestimmungsorte.

Kastenriegel, Blick in die Höll

Peter Rosegger setzte dem Blick vom 1.094 Meter hohen Kastenriegel hinunter in die sogenannte Höll, wie sie hier auf einer Fotografie aus seiner Zeit zu sehen ist, ein literarisches Denkmal: „Und nun steigen wir auf einem Schlangenpfad hinab in diesen Grund, in welchem die Nebel brauen, die Schatten dämmern, in welchen so selten der göttliche Tropfen eines Sonnenstrahles niederfällt."

Vom Mürztal aus bestand noch im 19. Jahrhundert die kürzeste Verbindung nach Westen über das Niederalpl, Wegscheid, den Kastenriegel und weiter durch das Salzatal. Die alte Verbindungsstraße zwischen dem Aschbach- und dem Salzatal – im Bild die Höll um 1900 – war damals also relativ stark frequentiert.

Aus der Nähe besehen machte die Höll einen durchaus lieblichen Eindruck. Die Aflenzer Staritzen im Hintergrund sind Kulisse, stellen aber keine Bedrohung dar. Das Bild ist schwer zu
datieren, wurde aber wohl im letzten Jahrzehnt des 19. Jahrhunderts aufgenommen. Das Gebäude
links wurde um 1900 zu einem größeren Gasthof ausgebaut.

Schützenauer's Gasthaus in der Höll (Steiermark).

Als „Schützenauer's Gasthaus in der Höll" erfreute es sich eine kurze Zeit lang einiger Beliebtheit.
Nachdem die Straße über den Kastenriegel 1918 unterbrochen und nicht wieder instand gesetzt
wurde, war der Niedergang des Gasthofs nur noch eine Frage der Zeit. Heute, da die Höll tatsächlich ein weitgehend menschenleeres Tal ist, erinnert nichts mehr an ihn.

Wo sich die Höll zum Salzatal hin öffnet, liegt Weichselboden, der einstige Hauptort des Tales. Noch in den 1920er-Jahren hatte er eine ansehnliche Größe. Nach dem Zweiten Weltkrieg wohnten hier nur noch Holzfäller und Angestellte der Gemeinde Wien, die für die Wiener Hochquellenleitung arbeiteten. 1980 wurde die Schule geschlossen und 2000 die Pfarre aufgelöst.

Auch Weichselboden hatte ein Gasthaus, es hieß „Zur Post". Den Weg durch das Salzatal über den Kastenriegel nahmen früher auch Mitglieder der kaiserlichen Familie, wenn sie aus ihrem Jagdrevier bei Neuberg und Mürzsteg nach Admont, Aussee oder auch nach Salzburg und Innsbruck reisten.

Weichselboden   Kapelle am Ursprung
der II. Wiener Hochquellenleitung

Bei Weichselboden befindet sich eine der Quellen der Wasserleitung, die sogenannte Höllbach-quelle, in deren Nähe eine kleine Barbarakapelle errichtet wurde. Sie liefert täglich mehr als 25.000 Kubikmeter Wasser. Zum Vergleich: Die ergiebigste Quelle der Wiener Wasserwerke ist die Kläfferquelle mit einer Mindestleistung von 54.000 Kubikmetern pro Tag.

Die Kläfferquelle, für deren Wartung man dieses Haus baute, liegt etwa drei Kilometer unterhalb von Weichselboden. Sie war wohl der eigentliche Anlass dafür, dass das neue „Schiestlhaus" als ökologischer Musterbau mit Regenwasser-Aufbereitung und biologischer Abwasserreinigung gebaut wurde. Das „Schiestlhaus" steht nämlich in unmittelbarer Nähe der Kläfferquelle, aller-dings 1.500 Meter höher.

Die Prescenyklause wurde von 1841 bis 1848 errichtet und war damals Europas größtes Bauwerk dieser Art. Sie diente der Trift des Brennholzes und später der Flößerei des Nutzholzes. Bei Schneeschmelze brachten die Gewässer oberhalb der Klause das Holz bis in den „Klaushof". Dort wurde es zu Flößen zusammengebunden und mit dem Wasserschwall der Prescenyklause hinunter zur Enns geführt.

HOLZFLÖSSER AUF DER SAIZA   AK 9

Die Prescenyklause wurde an einer markanten Talenge unterhalb von Weichselboden errichtet. Die Straße durch das Salzatal verläuft dort durch einen Tunnel. Die Klause erfüllte bis Anfang der 1954 ihren Zweck, aber mittlerweile war der Transport per Lkw wirtschaftlich sinnvoller geworden. 1969 kaufte die Stadt Wien die Klause. 1975 wurden die Triftrechte gelöscht. Heute wird hier ein kleines Elektrizitätswerk betrieben.

Holzflößer auf der Salza AK

Gschöder bei Weichselboden

An Gschöder fährt man eigentlich nur vorbei, das Tal weitet sich ein wenig. Dass der Ort einmal ein „idyllisches Dörfchen" und der „Mittelpunkt für die Touren auf den Hochschwab" gewesen ist, weiß und merkt heute niemand mehr. Bis vor 200 Jahren befand sich hier sogar der Friedhof für das ganze obere Salzatal.

Gschöder ist ein unbedeutender Flurname geworden. Das „schöngebaute Gasthaus" hat längst geschlossen. Kein einziger markierter Weg führt von hier aus auf die Hochschwab-Gipfel hinauf. Wenn man stehen bleibt, dann nur, um ein Kanu ins Wasser zu setzen.

Das Brunntal bildet, von der Salza ausgehend, eine Bucht, die tief in das Hochschwabmassiv hineinschneidet. An seinem Ausgang bildete es einen See. Dahinter steigt das Tal nach und nach um 200 Meter an, bevor es regelrecht an den Felsen anstößt.

Nachdem die Zweite Wiener Hochquellenwasserleitung am 2. Dezember 1910 eröffnet worden war, bekamen die Wienerinnen und Wiener eine unmittelbare Beziehung zu dieser Gebirgslandschaft. Die Seen wurden als Schatz der Stadt begriffen und der Kreis der Wiener Hausberge wurde um den Hochschwab erweitert.

703. – Wildalpen mit dem Hochkaar, Steiermark. *(Ausgangspunkt unserer Wasserleitung.)*
Lichtdruck C. Weingartshofer, Mödling.

Wer heute Wildalpen besucht, kann sich nur schwer vorstellen, dass dieser Ort eigentlich auf die Eisenindustrie gründet. Nur noch sehr versteckte Spuren weisen darauf hin. Die „Eisenzeit" dauerte in Wildalpen etwas mehr als 200 Jahre. Im Jahre 1625 erhielt der Ort die Erlaubnis, Erzberger Eisen zu verarbeiten, 1838 wurde der Betrieb wieder eingestellt.

Wildalpen, Steiermark.

Im 17. Jahrhundert war in der unmittelbaren Umgebung des Erzberges das Holz knapp geworden. Es erwies sich als sinnvoll, Holzkohle nicht nur anderswo zu kaufen, sondern auch das Erz dorthin zu bringen, wo noch genügend Holz vorhanden war. Die Wildalpener Betriebe waren deshalb konkurrenzfähig, weil sie für die Holzkohle dreimal weniger bezahlen mussten als die Eisenerzer.

106

Ausdruck des relativen Wohlstandes, der in Wildalpen dank der Eisenwerke einkehrte, war der Bau einer großen Kirche, die vergleichsweise prächtig ausgestattet werden konnte. Das hatte auch damit zu tun, dass das Stift Admont, dem die Kirche inkorporiert war, das Entstehen einer Wallfahrt förderte.

Der Wallfahrer wegen ließ der Admonter Abt einen Gasthof bauen, der später in Privatbesitz überging. Nach einer Renovierung in den 1850er-Jahren gelang es der Besitzer-Familie Zisler, den Gasthof als einen „der besten des ganzen Landes" zu führen. Im Juli 1857 nächtigten auch Kaiser Franz Joseph und seine Frau Elisabeth hier.

Nachdem mit der Ersten Hochquellenwasserleitung, die Wien seit 1873 mit Wasser vom Schneeberg und der Rax versorgte, nicht mehr das Auslangen gefunden werden konnte, erschloss sich die Stadt die großen Wassermengen des Hochschwab. Die Grundsteinlegung für die zweite Leitung fand am 11. August 1900 auf der Poschenhöhe bei Wildalpen statt.

Die Grundsteinlegung der Zweiten Hochquellenwasserleitung wurde mit einem großen Festakt begangen. In den folgenden zehn Jahren wurde das 183 Kilometer lange Bauwerk errichtet. Es liefert noch heute mehr als die Hälfte des Trinkwassers, das die Stadt Wien verbraucht.

Im Bereich des Quellgebietes kaufte die Stadt Wien allen Grund auf, den sie bekommen konnte. Einen ersten diesbezüglichen Vertrag schloss der Wiener Bürgermeister Karl Lueger mit dem Abt des Stiftes Admont über das sogenannte Siebenseengebiet oberhalb von Wildalpen.

Einer dieser sieben Seen ist der Kesselsee. Das Land, das in Wiener Besitz überging, erhielt dadurch eine völlig neue Widmung. Bis dahin war es meistens land- und forstwirtschaftlich genutzt worden. Jetzt standen die Qualität des Trinkwassers und damit einhergehend ein möglichst konsequenter Landschaftsschutz im Vordergrund.

WILDALPEN STMK., POSCHENHÖHE

Die Poschenhöhe ist eine kleine Siedlungsebene südlich von Wildalpen. Hier zweigen die Wege durch das Siebenbrunnengebiet auf das Hochschwabmassiv hinauf ab. Verfolgt man die Straße durch das Haupttal in südöstlicher Richtung, so gelangt man nach ein paar Kilometern nach Hinterwildalpen.

Wildalpen, Steiermark.
Eingang in die Schreyerklamm.   32901

Noch bevor man von Wildalpen kommend die kleine Siedlung Hinterwildalpen erreicht, stößt man links auf Wasser, das einst die Schreierklamm bildete. Die Quellen dahinter sind auch für die Wiener Wasserleitung gefasst.

Hinterwildalpe.

Vom 780 Meter hoch gelegenen Hinterwildalpen aus steigt der alte Fuhrweg zur Eisenerzer Höhe auf 1.549 Meter hin an. Der teilweise felsige Grund zeigt noch heute die Spurrinnen, die zahllose Fuhrwerke hinterlassen haben. Ungeachtet der widrigen Verhältnisse hat man einst Roheisen des Erzberges herüber und Holzkohle hinüber transportiert.

Gegen Norden hin lässt die ansonsten meist eng schließende Berglandschaft des Salzatales etwas Raum für Talsiedlungen. Das Holzapfeltal und Hopfgarten sind Ortsteile von Wildalpen. In Hopfgarten gab es schon in den 1960er-Jahren, noch bevor die Gemeinde zum Dorado der Kanufahrer wurde, einen bescheidenen Erholungstourismus.

111

Das Hochschwabmassiv verliert sich Richtung Enns in einer hügeligen Landschaft. Auf ihren letzten Kilometern vor der Mündung in die Enns verkriecht sich die Salza. So lässt sie dem Dorf Palfau viel Platz für weit verstreute Siedlungen.

Neben der Landwirtschaft, die stets prägend für Palfau gewesen war, gab es schon früh einen bescheidenen Sommerfremdenverkehr, der von der Nähe der Bahnlinie profitieren konnte. Die Einwohnerzahl der Gemeinde hielt sich das ganze 20. Jahrhundert über mehr oder weniger konstant um 500. Erst in jüngster Zeit nahm sie etwas stärker ab.

Gams bei Hieflau, Steiermark.

Auch Gams liegt ausgebreitet inmitten der hügeligen Landschaft. Man sieht der Gemeinde heute nicht mehr an, dass sie aus einer alten Gewerken-Siedlung entstand. Ihre Bewohner sollen einst eingewanderte Bergknappen gewesen sein, die sich in Sprache und Gebaren deutlich von den anderen der Gegend unterschieden.

Die Kraushöhle ist ein besonderes Naturdenkmal auf dem Gemeindegebiet von Gams. In der historischen Literatur wird der Weg dorthin folgendermaßen beschrieben: „die ‚Noth‘, eine wilde, hochromantische Felsenschlucht, in welcher der Wildbach in zahlreichen Cascaden von 4 bis 6 m Höhe tosend und schäumend herabstürzt."

Wo das Münichtal in das Erzbachtal mündet, soll dereinst manchmal in einer schwarzen Lacke ein Wassermann gesehen worden sein. Die Bewohner des nahen Dorfes fingen ihn mit einer List, woraufhin er ihnen ein Angebot für seine Freilassung machte: „Gold für 10 Jahr, Silber für hundert Jahr oder Eisen für immerdar." Die klugen Leute entschieden sich für Letzteres.

10

Das Erzbachtal

Keine der Gegenden, durch die dieser Streifzug über und rund um das Hochschwabmassiv führte, blieb von der historischen Eisenindustrie unberührt. Direkt oder indirekt hatten die Menschen, die in einem der Täler wohnten, damit zu tun oder lebten davon. Sei es in der Verarbeitung, sei es indem sie den Transport ermöglichten oder Brennstoff und Lebensmittel bereitstellten.

Erst jetzt, am Ende des Buches, führt der Weg ins Epizentrum der Eisenindustrie, nämlich zum Erzberg. Seine historische Bedeutung und Strahlkraft kann gar nicht hoch genug eingeschätzt werden. Seit dem Mittelalter entwickelten sich die wirtschaftlichen Verflechtungen, die sich aus dem Abbau am Erzberg hinüber in den Einzugsbereich von Donau und Mur ergaben. Jedes Tal, jede Region übernahm ganz spezielle Aufgaben bei der Weiterverarbeitung.

Der Erzberg selbst war über Jahrhunderte hinweg zweigeteilt, in ein Oben und ein Unten, beziehungsweise den Vordern- und den Innerberg – das ist der alte Name von Eisenerz. Was in seinem oberen Bereich abgebaut wurde, ging gen Süden, nach Vordernberg und Leoben, was am Fuße des Berges abgebaut wurde, ging dagegen durch das Ennstal nach Steyr. Von den beiden privilegierten Städten aus erfolgte die Distribution südlich beziehungsweise nördlich des Erzberges.

Die strukturelle Entwicklung des Erzbachtales war stets unmittelbar von den wirtschaftlichen Verhältnissen Mitteleuropas abhängig. Einer Hochkonjunktur vor dem Ersten Weltkrieg folgten unsichere Jahrzehnte, bis unmittelbar vor und während des Zweiten Weltkriegs ein enormer Bedarf an Roheisen entstand. Einer prosperierenden Phase in den 1950er- und 1960er-Jahren folgten ein Rückgang und schließlich die völlige Einstellung der Erzgewinnung, was für das Tal dramatische Folgen hatte. Binnen Kurzem war die Bevölkerung halbiert und überaltert. Mit mehr oder weniger Erfolg versucht man seither durch die Förderung des Fremdenverkehrs dieser Entwicklung entgegenzusteuern. Der Erzberg selbst dient als Arena und auch als Kulisse für manch regelmäßig stattfindende Veranstaltung.

Da, wo das Erzbachtal ins Ennstal mündet, liegt Hieflau. Der Ort war ein erster Umschlagplatz für das wertvolle Eisen. Aber er war auch der Eingang ins Gesäuse. Von dort flößte man früher Holz heraus, das hier mit einem großen Rechen aufgefangen und dann in Meilern für die Eisengewinnung verkohlt wurde.

„Das Dorf Hieflau, mitten zwischen hohen waldigen Bergen, gewährt durch den Gegensatz der Naturschönheit seiner Umgebung zu dem emsigen Treiben seiner industriellen Bewohner einen eigentümlichen Anblick", heißt es in einem alten Reiseführer. Ende des 19. Jahrhunderts waren Industrie und Natur allmählich unvereinbar geworden.

116

Leopoldsteiner See

Auf halbem Weg zwischen Hieflau und Erzberg mündet links das Münichtal ein. Den Weg über die Eisenerzer Höhe zurück nach Wildalpen könnte man von hier aus nehmen. Man gelangt dann zuerst zum stillen und idyllischen Leopoldsteiner See, dem man kaum ansieht, dass er auch eine überaus raue Seite haben kann, die früher so manchem zum Verhängnis geworden ist.

Der Leopoldsteiner See hat seinen Namen vom historistischen Schloss Leopoldstein, das nach Kaiser Leopold I. benannt ist. Während im Norden die Seemauer fast senkrecht aus dem Wasser aufsteigt, gab es früher am Südufer ein Restaurant. In jüngster Zeit war hier ein Hotel geplant, das jedoch nicht errichtet wurde. Der See bleibt also weiterhin sehr still.

Um 1900 war Eisenerz ein Markt, in dem 6.000 bis 7.000 Menschen lebten. Neben der alles überstrahlenden Bedeutung, die die Erzgewinnung für die Gemeinde hatte, darf nicht übersehen werden, dass schon damals der Fremdenverkehr eine gewisse Rolle spielte. Das Tal war gut erschlossen und lockte allenthalben mit interessanten Spaziergängen und Bergpartien.

In der Zeit des Nationalsozialismus wurden Erzabbau und -verarbeitung enorm gesteigert. Es waren auch tausende von Zwangsarbeitern beschäftigt. Offenbar rechnete man diese der Bevölkerungszahl zu. Nachdem in Eisenerz nämlich 1934 7.000 Einwohner gezählt wurden, gab man für 1944 18.000 an.

Eines der meist fotografierten Sujets von Eisenerz ist der Blick durch die Bergmanngasse hinauf zum Alten Rathaus, das 1548 in der Zeit der Reformation gebaut wurde. Im Vordergrund rechts ist die markante Fassade des Gasthauses „Zum heiligen Geist" zu sehen. Den Hintergrund dominiert der 1.871 Meter hohe Pfaffenstein, der bereits zum Hochschwabmassiv gehört.

Die Pfarrkirche zum heiligen Oswald um 1900, nach einer grundlegenden Restaurierung. Sie dominiert das Ortsbild von Eisenerz. Den Grundstein der Kirche soll Kaiser Rudolf von Habsburg gelegt haben. Im 15. Jahrhundert wurde sie befestigt und später, 1532, als die Osmanen das Land bedrohten, auch noch mit einer Mauer eingefasst.

VORDERNBERG mit POLSTER u. GRIESSMAUER   137-12

1930 war für Vordernberg die Zeit als wichtiger Industriestandort bereits seit 20 Jahren
vorbei. 1911 hatte die Montangesellschaft ihre Betriebe geschlossen. 1922 waren die
Arbeiten am letzten Hochofen eingestellt worden. Das Tal zieht sich hinauf in Richtung
Polster, der, 1.910 Meter hoch, links zu sehen ist, und die Griesmauer, rechts im Bild, mit
einer Höhe von 2.084 Metern.

11

Das Vordernberger Tal

Die nächsten Bestimmungsorte für das Eisen, das im oberen Bereich des Erzbergs abgebaut wurde, waren Vordernberg, Trofaiach und Leoben. Die Reinigung, die Veredelung und der Umschlag des wertvollen Materials fanden entlang des Vordernberger Baches statt. Dessen Wasser verwendete man dazu, die zahlreichen Radwerke zu betreiben – Mühlen, die die Blasbälge betrieben, mit denen den Essen der Sauerstoff zugeführt wurde. Die Anlagen wurden nach und nach größer und leistungsstärker, dementsprechend war ein immer stärkerer Wasserdruck für ihren Betrieb vonnöten. Die Werke, und mit ihnen die Menschen, zogen Zug um Zug talwärts, dem kräftiger werdenden Bach nach.

Der Transport des Eisens vom Erzberg her war, vor allem bei ungünstiger Witterung, äußerst mühsam. Schon in den 1830er-Jahren wurden auf Initiative von Erzherzog Johann große Anstrengungen unternommen, um Verbesserungen zu schaffen. So wurden Schrägaufzüge, Zwischenlagerstätten und dergleichen mehr errichtet. Eine auf Dauer befriedigende Lösung konnte aber erst mit dem Bau der Erzbergbahn gefunden werden. Sie verlief von Hieflau bis nach Leoben und schuf damit den Anschluss an die großen Bahnlinien dies- und jenseits der Alpen. Der starken Steigungen über den Präbichl wegen wurde sie als Zahnradbahn ausgeführt. Letztlich war die Inbetriebnahme der Erzbergbahn aber der Grund dafür, dass die Eisenindustrie aus dem Vordernberger Tal absiedelte. Denn Leoben, beziehungsweise der damals noch eigenständige Stadtteil Donawitz, boten bessere Voraussetzungen für die zeitgemäße und effiziente Eisenverarbeitung. Für das Vordernberger Tal blieben ökonomische Nischen übrig.

Im Vergleich zu Eisenerz, dessen wirtschaftliche Grundlage aufgrund der unmittelbaren Nähe zum Erzberg noch bis in die zweite Hälfte des 20. Jahrhunderts die Eisenindustrie blieb, vollzog sich der Strukturwandel im Vordernberger Tal schon viel früher. Die Bevölkerung wanderte noch weiter abwärts – dem Murtal entgegen.

Diese Aufnahme von 1905 zeigt, von Süden her, den 1.232 Meter hohen Präbichl vor dem Polster. Von jeher war der Passübergang die wichtigste Verbindung zwischen Nord und Süd und zugleich jene Barriere, die Innerberg und Vordernberg – und damit die jeweiligen Wege des Eisens – schied.

PREBICHL, 1227 m. HOTEL-REICHENSTEIN

Auf der Passhöhe gab es einst das Hotel Reichenstein, das ursprünglich vor allem dem Handels-verkehr als Station diente. Nach Fertigstellung der Erzbergbahn im Jahre 1891 verlor es diese Funktion und stellte sich auf Touristen ein. Im Winter war die Passstraße zu beiden Seiten eine berühmte und beliebte Rodelstrecke.

Der Sessellift vom Präbichl hinauf zum Polster wurde 1948 gebaut. 40 Jahre später wurde er durch eine modernere Anlage ersetzt und weitere zehn Jahre später wurde das ganze Passgebiet – einschließlich der gegenüberliegenden Flanke des Reichenstein – zu einem veritablen Schigebiet ausgebaut.

Berglift PREBICHL, mit Erzberg, Stmk.   41286

Die Leobner Hütte ist auf 1.582 Metern Höhe unterhalb des Polster gelegen. Sie wurde 1840 als Unterkunft für Knappen, die hier nach Erz schürften, gebaut. 1927, Jahrzehnte nachdem der Bergbau zum Erliegen gekommen war, wurde sie neu hergerichtet und zu einer Schutzhütte für Touristen umfunktioniert. Derzeit allerdings ist sie wieder außer Dienst gestellt.

Die Zeit um 1900 war für Vordernberg voller Umbrüche. Die Erzbergbahn vereinfachte den Transport des Erzes erheblich, ermöglichte aber auch die problemlose Weiterfuhr nach Donawitz. Dort war ein weit modernerer Hochofen als es ihn in Vordernberg gab errichtet worden.

VORDERNBERG, BRUNNEN am MARKTPLATZ   137

Ein Wahrzeichen von Vordernberg ist die schmiedeeiserne Brunnenlaube, die auf dem Marktplatz steht. Sie wurde 1668, allerdings an einem anderen Ort, im Auftrag der Eisenwerksbesitzer aufgestellt.

Vordernberg in den 1950er-Jahren. Die historische Eisenindustrie wurde hier früher als anderswo musealisiert. Der 1846 eröffnete Holzkohlenhochofen „Radwerk IV" steht nach einer Restaurierung seit 1959 als Museum für Besucher offen.

St. Laurenzikirche gegen Vordernbergermauer
Vordernberg, Steiermark.   33820

Ursprünglich war das Zentrum des Ortes Vordernberg weiter oben im Tal, näher beim Erzberg und gleich unterhalb der größten Steigung zum Präbichl hinauf. Allmählich wanderte die Siedlung talwärts, weil für die Eisenbereitung immer stärkere Wasserkraft vonnöten war. Die Kirche zum heiligen Laurentius oberhalb von Vordernberg zeigt an, wo der Ort im 15. Jahrhundert seinen Mittelpunkt hatte.

Ortsregister

BÜCHER AUS IHRER REGION

Eisenerz
Bergstadt im Wandel
Sigrid Günther
ISBN: 978-3-89702-938-5 | 18,90 € [A]

Wurzelwerk
Kulinarische Geschichten aus Eisenerz
Sigrid Günther
ISBN: 978-3-86680-105-9 | 18,90 € [A]

Trofaiach
Eine Zeitreise
Rupert Dworak und Erich Steiner
ISBN: 978-3-89702-813-5 | 18,90 € [A]

Der Wienerwald
Christian Stadelmann und Werner Grand
ISBN: 978-3-86680-101-1 | 18,90 € [A]

Weitere Bücher aus Ihrer Region finden Sie unter:
www.suttonverlag.de

SUTTON
VERLAG Wir machen Geschichte